www.tredition.de

AF196198

Eduard Rudolph

# Verwunschener Garten

## Haiku

www.tredition.de

Verlag und Druck:
tredition GmbH, Halenreie 40-44, 22359 Hamburg

ISBN
Paperback:     978-3-347-23349-2
Hardcover:     978-3-347-23350-8
e-Book:        978-3-347-23351-5

# Verwunschener Garten

## Haiku

# Steinboden

Kehllaut des Wassers.
Sorglos spießt an der Quelle
der erste Bärlauch.


Im Rund der Berge
verhallt der Schlag des Kuckucks.
Atem des Abends.


Der Grillen Konzert.
Klage geht durch die Felder:
Das Windlicht erlosch.

Wie nobel duftet
nach Sonne, Speichel und Heu
das Fell Suleikas.


Einsam die Schwanau
schwimmt auf dem flimmernden See.
Beben im Herzen.


Offene Räume.
Im Spalt der Blockwand sitzt Licht.
Des Sommers Beginn.

Durch die schwüle Nacht
schwimmen wie Fieberträume
Holunderblüten.


Ein Stuhl, ein Holztisch.
Das Meer der Lichter im Tal.
Herb duftet die Nacht.


Verschneiter Gipfel.
Einsam strebt ihm ein Licht zu.
Geburt im Sommer.

Zwischen den Fingern
der verlorene Sommer.
Die Krume aus Wachs.


Vor meinem Fenster
brech' ich blutschwere Dolden
reifen Holunders.


Welche Umarmung!
Der Wald trinkt aus dem Brunnen
die Farben des Herbsts.

Als Gaukler auf Zeit,
der Gäste Lachen verstummt,
steh ich im Regen.


Der Zugvögel Keil
kreist am windigen Himmel.
Endlos der Abschied.


Das Blatt im Brunnen
treibt einsam dem Mond zu. Hell
klingt des Windes Lied.

Durch das Wolkentor
bricht ausgehungert der Mond.
Brandmal des Spätherbsts.


Ganz lautlos der Tanz
dürrer Gräser im Herbstwind.
Der Atem des Bergs.


Ach, die Pupille
im Weiß des Auges verirrt.
Feuer im Nebel.

Voll Schlaf der Morgen.
Die Spur der Katzenpfoten
im Schnee führt nach Haus.


Gläsern das Sternbild -
dieses Haus aus Gedanken
turmhoher Winter.


Im Eis auf dem See,
eingebrochen die Stille.
Dort geht sie unter.

Der Fremde tritt ein,
klopft den Schnee aus den Schuhen,
spricht nachtlang kein Wort.


Da biegt sich der Ast,
glüht und zerfällt. Der Stumme
tritt auf die Asche.


Zerlumpt geht das Jahr,
das neue kommt auf Stelzen,
fegt den Himmel blau.

Geleert die Gläser.
Mit Ruderschlägen das Herz
kämpft gegen den Sturm.


Über die Wange
als Schatten gleitet schweigsam
der Augen Schwarzlot.


Umworben die Nacht.
Die Blockwand färbte sich schwarz.
Harzspur der Toten.

Vom Ast fällt ein Traum.
Dein Herz pocht nachts an die Tür.
Sie öffnet sich leis.


Als Fremde am Tisch,
vom Brot, das noch geblieben,
essen wir schweigend.


Glanz in den Augen.
Die Strähne Nacht noch im Mund.
So gehst du hinaus.

# Toskanischer Sommer

Schattenlos der Weg.
Erfroren sind die alten
Olivenbäume.


Den Bass der Hummel
auf ihrem Flug von Blüte
zu Blüte im Ohr.


Wind. Verbranntes Gras.
Und vom Städtchen her Stimmen.
Vetulonia.

Jede Zypresse
trägt einen Namen, trägt ihn
ins Dunkel des Hains.


Das schwere Gewölk
am zerbrechlichen Himmel.
Wie bitter der Wein.


Sag mir, wie lang noch.
Durchnässt vom Regen scheint selbst
der Schlag des Kuckucks.

Schwärze des Himmels.
Kein Licht durchdringt diese Nacht.
Die Leuchtkäfer. Doch.


Da reißt der Vorhang.
Der Wellen hohe Wangen
leuchten wie Segel.


In der Dämmerung
warf er das Netz aus, das war
aus Silber geknüpft.

Mit schäumendem Mund,
als Nebel flutet das Meer
nachts in die Felder.


Die Ebene. Tief
gesenkt der Sonnenblumen
welke Gesichter.


Während das Haiku
nachts ich schreibe, verbrennen
die Falter im Licht.

In der Finsternis
über die Stoppelfelder
wandern die Feuer.


Die gleiche Mücke
Nacht für Nacht. Schlüg' ich nach ihr,
sie stäche mich doch.


Und tritt einer bloß
in der Nacht vor sein Haus, so
bellen die Hunde.

Kaum Licht. Doch heiser
erklärt der Hahn diese Nacht
schon für beendet.


Ein Krug. Noch schließt ihm
die Schale den Mund. Nänie
stummer Mäander.


Cenere, sagt sie.
Dieser irdene Reichtum
unübertragbar.

Wir horchen. Mondhell
das Vielleicht der Bewegung
in unsren Herzen.


Duft nasser Erde.
Bis hinein in die Stube
der Sommerregen.


Im milchigen Licht
des Mittags ein Pinselstrich.
Die Dächer der Stadt.

Nein, kein Aquarell.
Es würden fehlen der Wein,
die Trauer, der Wind.


In Buriano
ein Kammerkonzert. Applaus
zwischen den Sätzen.


Mauer aus Backstein.
Es schließt im Kreuzgang der Nacht
leis sich ein Fenster.

# Haus über dem See

Blüten - erfroren.
Die Mythen wieder verschneit.
Aber noch Hoffnung.


Meine Laterne
aus beleuchteten Fenstern.
Haus über dem See.


Der Pappeln Blätter
zittern silbern am Waldrand
neben der Eiche.

Die ganze Nacht lang
rollt über den Bergrücken
der Große Wagen.


Blühender Grashalm
biegt sich sacht unter dem Hauch
des müden Falters.


Um den Sommerbaum
flattern trunken vom Mondlicht
zwei Fledermäuse.

Efeu umhüllte
den alten Stall wie ein Kleid.
Wuchs in ihn hinein.


Vom Bug des Schiffs aus,
abends sichtbar im Streiflicht
uralte Äcker.


Mauern, zerfallen.
Ruine mitten im Wald.
Zeugnis des Landbaus.

Des Milans Schwingen
ausgebreitet am Himmel,
vom Windspiel bewegt.


Bis zu den Mythen,
weiß, als wallende Decke,
reicht das Nebelmeer.


Der Sturm auf dem Dach
hat einen Ziegel gelöst.
Die Leiter zu kurz.

Tuten des Dampfschiffs,
ein letztes Mal diesen Herbst.
Nun kommt der Winter.


Eingeschneit das Haus.
Der Schnee knirscht unter dem Schuh.
Im Schopf vier Schlitten.


Stille des Winters.
Bücher der Bibliothek
bis unter das Dach.

Wintergesellen,
in der frostigen Schneenacht,
steh'n stumm vor der Tür.


Am Jahresende
sitzen wir alle am Tisch,
zählen die Stunden.


Das Lamm im Ofen.
Das neue Jahr ist noch jung.
Der Wein aber alt.

# Winterwald

Auf dem stillen Feld,
weiß die Braue der Scholle.
Nebel sinkt talwärts.


Dünn noch die Eisschicht.
Nur einen Steinwurf entfernt
der stille Moorsee.


Vereistes Ästchen.
Im Kleinen ganz enthalten
ist stets das Große.

Für ein paar Schritte
bricht durchs Geäst des Dickichts
die Wintersonne.


Gestürzte Stämme
liegen quer über dem Weg.
Schnee auf der Rinde.


Wildwechsel zweigen
vom Pfad ab, Spuren im Schnee.
Leise klopft mein Herz.

Wer hier entlang geht,
leis auf dem weichen Waldweg,
wird eins mit dem Wind.


Welch eine Aussicht!
Dunkel bewaldetes Tal
weiß überzuckert.


Des Waldrands Schatten.
Schimmernde Silbergipfel.
Die Seefläche, grau.

Gras, niedergedrückt.
Die Lichtung mit den Birken
befreit schon vom Schnee.


Gurgelndes Wasser.
Gespräch über den Frühling.
Er steht vor der Tür.


Wie weich der Moorgrund!
Hier bin ich vom Wind geschützt.
Ein Kissen aus Moos.

# Verwunschener Garten

Auf weißem Teppich,
ach, so sprachlos vor Kälte,
steht unser Schneemann.


Am Futterhäuschen
der Buntspecht, ein scheuer Gast.
Blutrote Federn.


Amseln, was seid ihr
so wählerisch, zu Boden
fallen Hanfsamen.

Die satten Farben
der Primeln, die wir gepflanzt,
sind nächstes Jahr blass.


Den Garten betritt
die Göttin im grünen Kleid,
berührt die Tulpen.


Kühles Wasser trinkt
der gestiefelte Kater
aus der Spritzkanne.

Dickicht der Farne,
welch schattiges Labyrinth
für junge Katzen.


Zerknittert und groß
des Klatschmohns rote Blüten,
für einen Tag nur.


Nur noch die Stiele,
abgefressen die Blätter.
Schneckenparadies.

Weiß, rosa und rot,
zerbrechlich wie Porzellan,
blühende Rosen.


Betörend duften
des Basilikums Blätter
im Kupferkessel.


Rosmarinstrauch und
mannshohe Königskerzen.
Geruch der Salbei.

Am Gartentor steht
der rotblättrige Ahorn
seit meiner Kindheit.


Hanfstauden wachsen
rings um das Vogelhäuschen.
Hände, grünblättrig.


Steinernes Windlicht.
Im blinden Spiegel des Teichs
flackert die Flamme.

Wind fährt ums Hausdach,
fegt das Laub von den Ästen.
Aufgeregt Spatzen.


Den Kürbis ernten,
wenn die Blätter verdorrt sind.
Stärkende Suppe.


Wie wunderbar ziert
der Zaubernuss Blütenpracht
den Wintergarten.

Die Haiku der Kapitel *Steinboden* und *Toskanischer Sommer* wurden 1990/1991, jene der Kapitel *Haus über dem See*, *Winterwald* und *Verwunschener Garten* 2020 verfasst. Dazwischen liegen also dreißig Jahre, in denen ich mich nicht mit dieser japanischen Gedichtform befasst habe. *Steinboden* hieß mein Wohnhaus hoch über Schwyz, die toskanischen Haiku sind im Ferienhaus eines Freundes in Vetulonia entstanden. Das Kapitel *Haus über dem See* bezieht sich auf mein Wohnhaus in Seelisberg, mit dem *Winterwald* meine ich den Wildnispark im Sihlwald und der *Verwunschene Garten* ist der naturnahe, von meiner Mutter vor vielen Jahren angelegte und von meiner Frau Judith fortgeführte Garten meines Elternhauses in Langnau a. A.

# Inhaltsverzeichnis

Zeitfracht Medien GmbH
Ferdinand-Jühlke-Straße 7
99095 Erfurt, Deutschland
produktsicherheit@kolibri360.de